Messerschmitt Bf 109 F-G

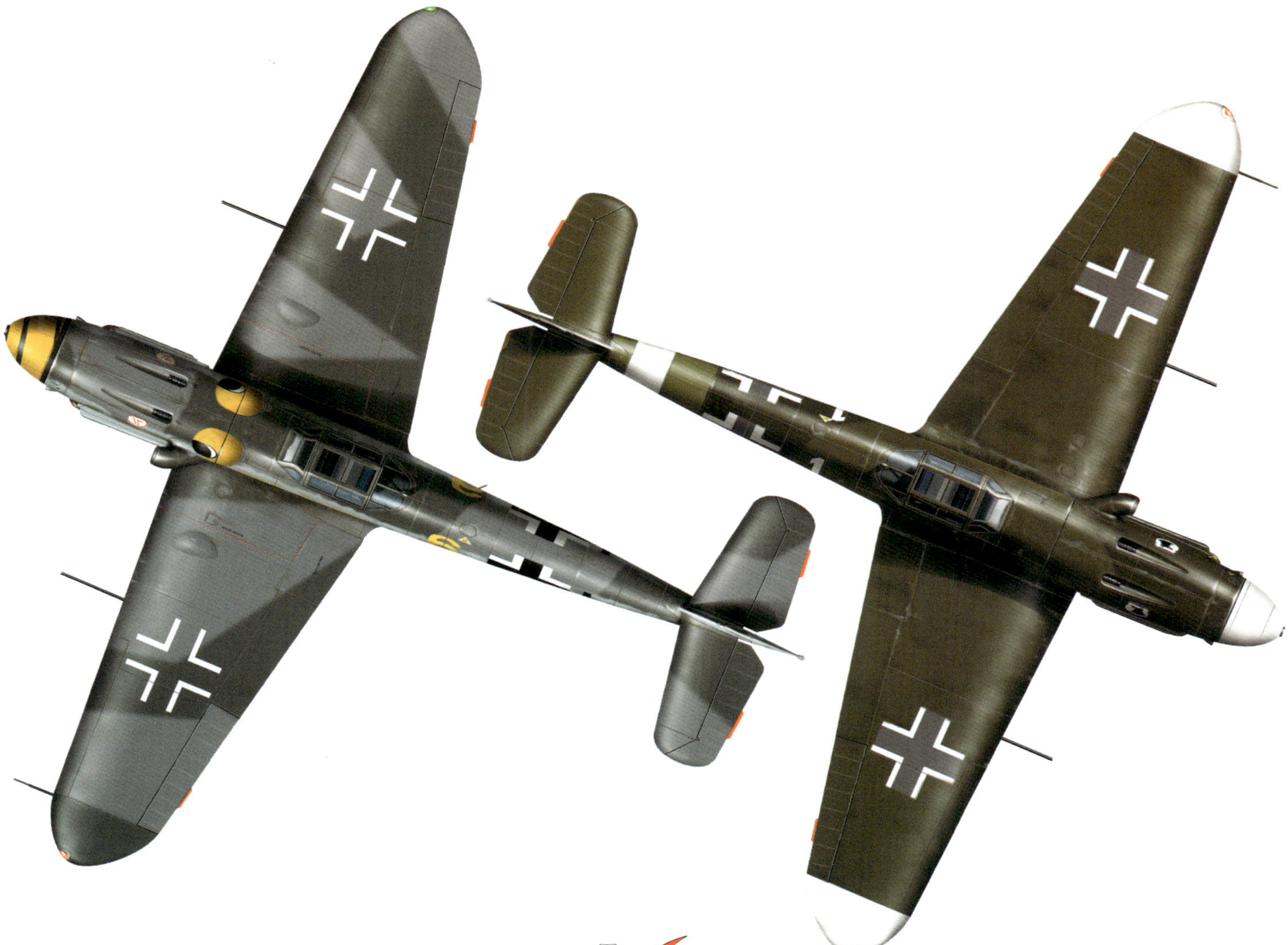

KAGERO publishing

Painted by / Malował:
Arkadiusz Wróbel

Messerschmitt Bf 109 F-2, 'Yellow 6' of 3./JG 2, flown by Ofw. Josef Heinzeller; Theville, spring 1941.
Messerschmitt Bf 109 F-2, „żółta 6" z 3./JG 2, pilot: Ofw. Josef Heinzeller, lotnisko Theville, wiosna 1941 roku.

Messerschmitt Bf 109 F-2, W.Nr. 6674, black Double Chevron, of Stab II./JG 53, flown by Gruppenkommandeur Hptm. Heinz Bretnütz; St. Omer-Arques, 4th May 1941.
Messerschmitt Bf 109 F-2, W.Nr. 6674, „czarny <<" ze Stab II./JG 53, pilot: Gruppenkommandeur Hptm. Heinz Bretnütz, lotnisko St. Omer Arques, 4 maj 1941 roku.

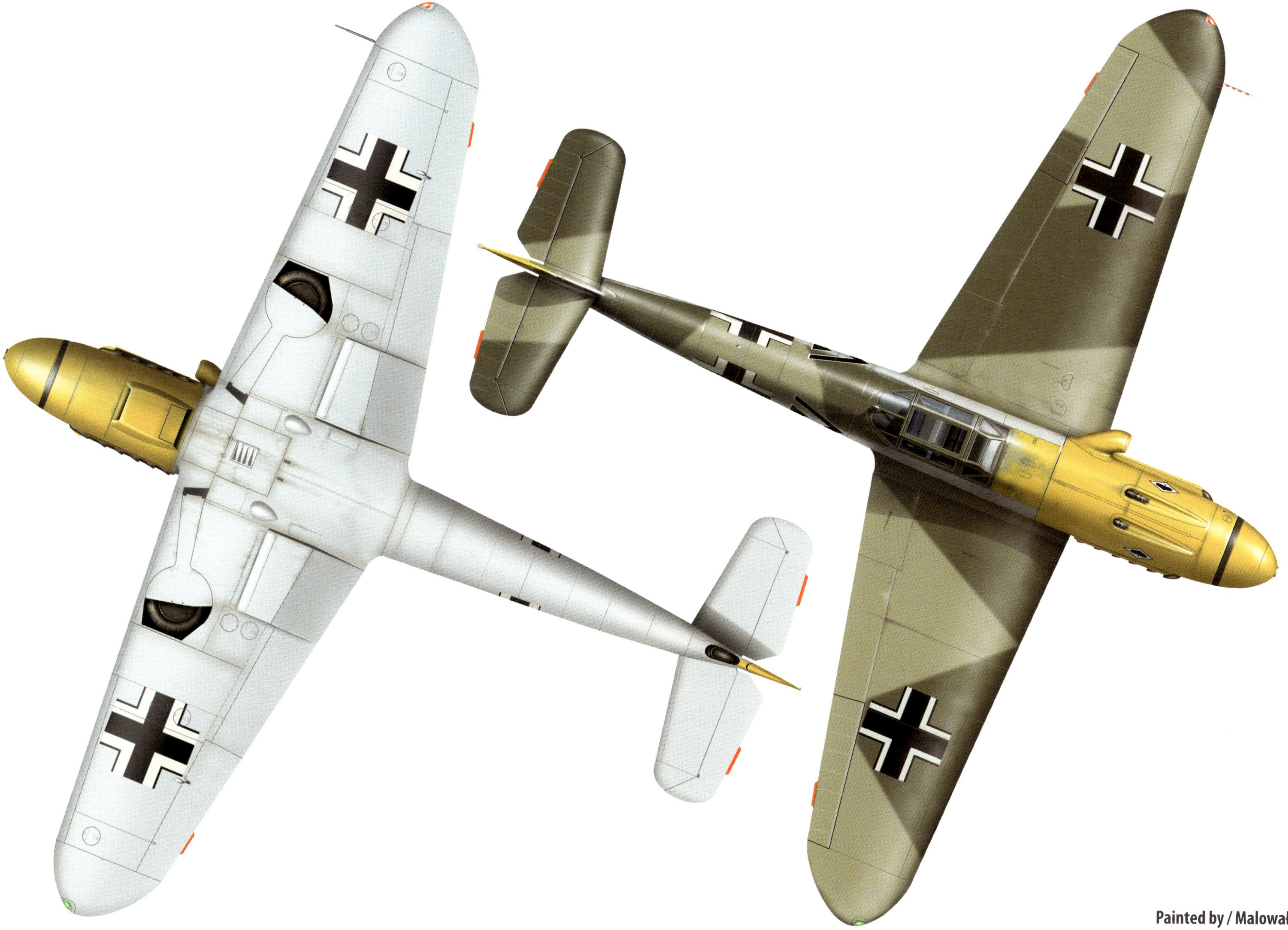

Painted by / Malował:
Arkadiusz Wróbel

Painted by / Malował:
Arkadiusz Wróbel

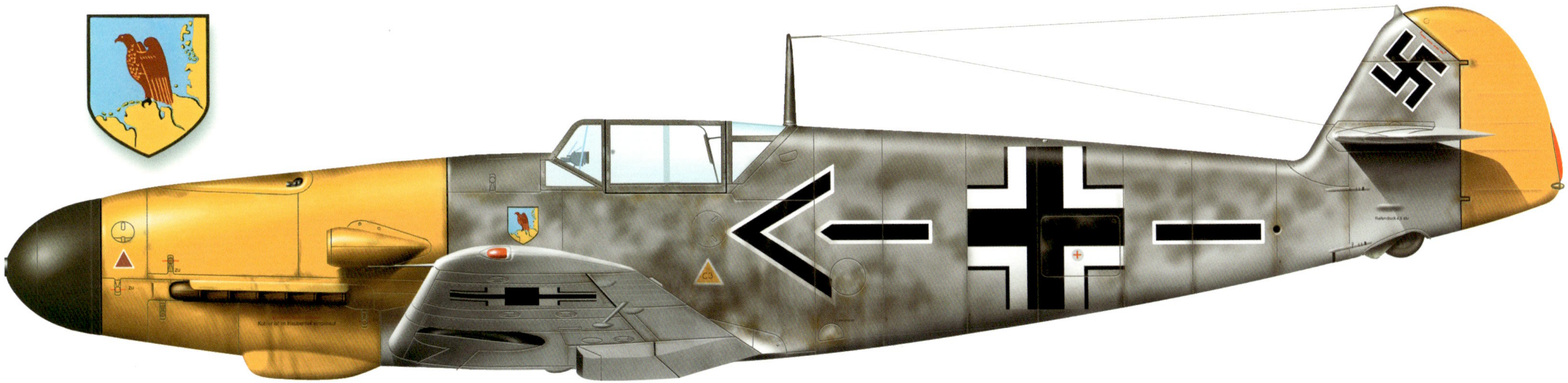

Messerschmitt Bf 109 F-2, black '<-+-' Stab JG 1, flown by Geschwaderkommodore Obstlt. Carl Schumacher, Jever, 29th May 1941.
Messerschmitt Bf 109 F-2, „czarny <-+-" ze Stab JG 1, pilot: Geschwaderkommodore Obstl. Carl Schumacher, lotnisko Jever, 29 maj 1941 roku.

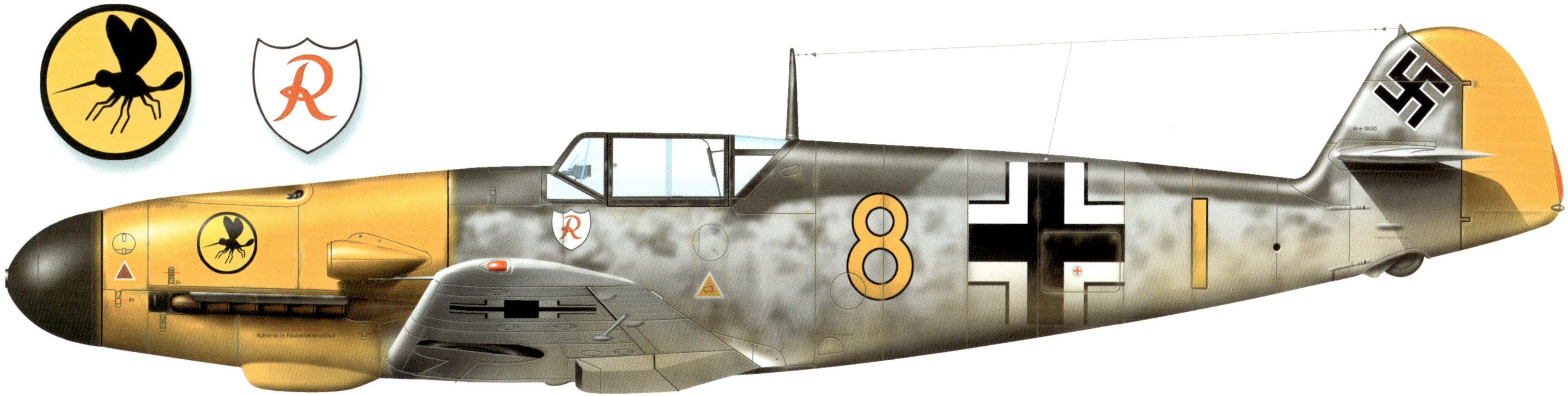

Messerschmitt Bf 109 F-2, W.Nr. 5530 'Yellow 8' of 9./JG 2, flown by Fw. Heinz Jahner; Ligescourt, 2nd July 1941.
Messerschmitt Bf 109 F-2, W.Nr. 5530, „żółta 8" z 9./JG 2, pilot: Fw. Heinz Jahner, lotnisko Ligescourt, 2 lipca 1941 roku.

Painted by / Malował:
Arkadiusz Wróbel

Painted by / Malował:
Arkadiusz Wróbel

Messerschmitt Bf 109 F-4, WNr. 7334, marked with black '<-+-,' of Stab JG 2, flown by Geschwaderkommodore Maj. Walter Oesau, St. Pol Brias, September 1941.
Messerschmitt Bf 109 F-4, WNr. 7334, „czarny <-+-" ze Stab JG 2, pilot: Geschwaderkommodore Maj. Walter Oesau, lotnisko St. Pol Brias, wrzesień 1941 roku.

Messerschmitt Bf 109 F-4, W.Nr. 7185, white Double Chevron, of Stab III./JG 2, flown by Gruppenkommandeur Hptm. Hans 'Assi' Hahn, St. Pol Brias, 3rd October 1941.
Messerschmitt Bf 109 F-4, W.Nr. 7185, „biały <<" ze Stab III./JG 2, pilot: Gruppenkommandeur Hptm. Hans „Assi" Hahn, lotnisko St. Pol Brias, 3 października 1941 roku.

Painted by / Malował:
Arkadiusz Wróbel

Painted by / Malował:
Arkadiusz Wróbel

Messerschmitt Bf 109F-2/U, marked with black «<-+-, of Stab JG 26, flown by Geschwaderkommodore Obst. Adolf Galland; Audembert, 5th December 1941.
Messerschmitt Bf 109F-2/U, „czarny <-+-" ze Stab JG 26, pilot: Geschwaderkommodore Obst. Adolf Galland, lotnisko Audembert, 5 grudnia 1941 roku.

Painted by / Malował:
Arkadiusz Wróbel

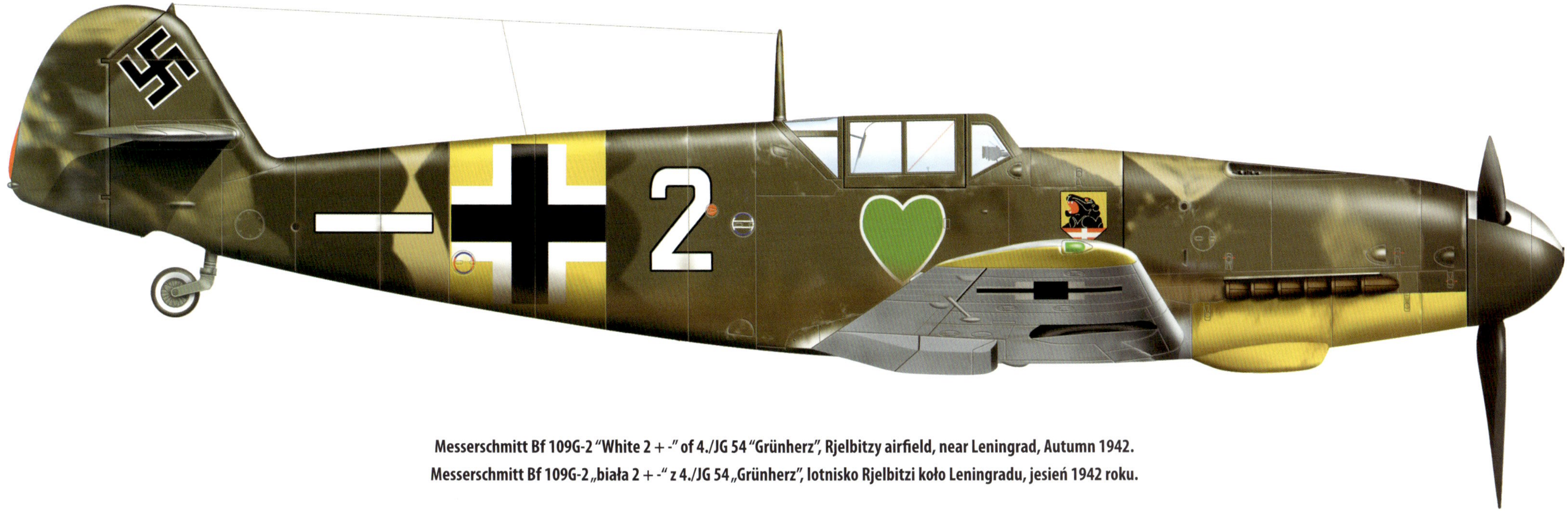

Messerschmitt Bf 109G-2 “White 2 + -” of 4./JG 54 “Grünherz”, Rjelbitzy airfield, near Leningrad, Autumn 1942.
Messerschmitt Bf 109G-2 „biała 2 + -“ z 4./JG 54 „Grünherz”, lotnisko Rjelbitzi koło Leningradu, jesień 1942 roku.

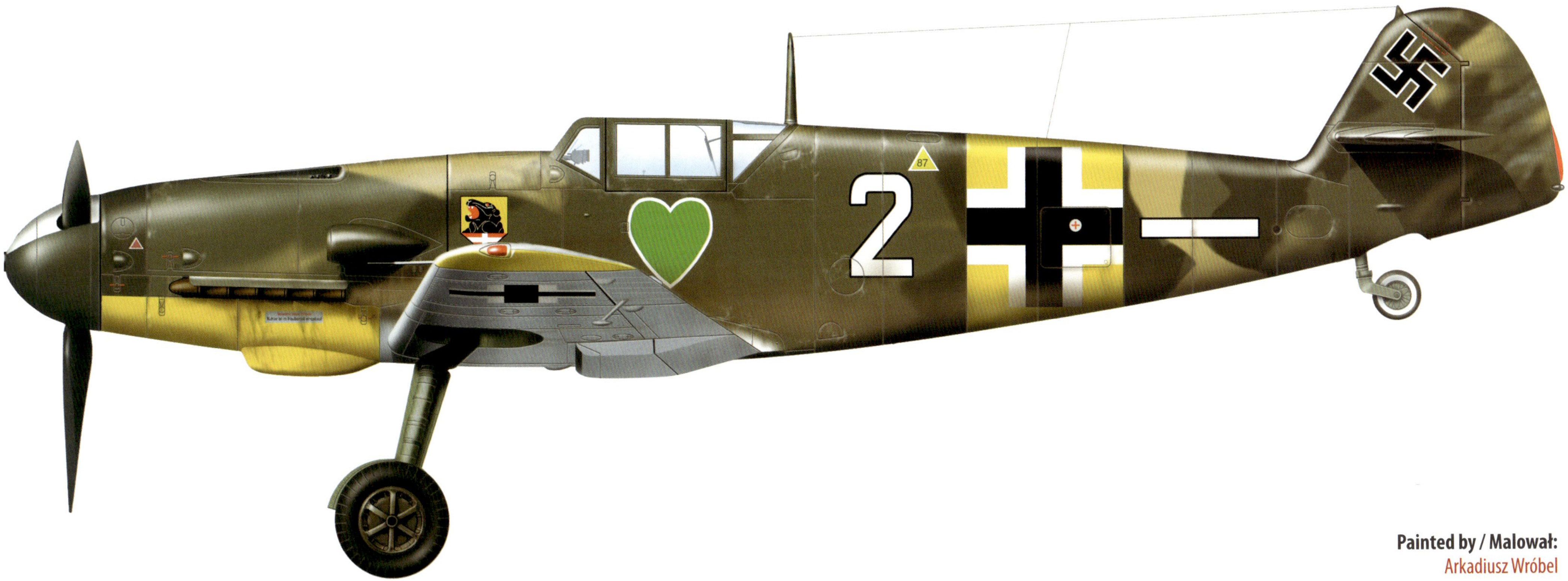

Painted by / Malował:
Arkadiusz Wróbel

Painted by / Malował:
Arkadiusz Wróbel

Messerschmitt Bf 109G-2/R6 (W.Nr. 13 633) "White 1", flown by commander of 7./JG 77, Hptm. Wolf-Dietrich Huy. This aircraft was photographed on 25th October 1942 during a ferry flight from Russia to North Africa.

Messerschmitt Bf 109G-2/R6 (W.Nr.13 633) „biała 1", pilot – dowódca 7./JG 77 Hptm. Wolf-Dietrich Huy. Samolot ten sfotografowano 25 października 1942 roku podczas przelotu jednostki z Rosji do północnej Afryki.

Painted by / Malował:
Arkadiusz Wróbel

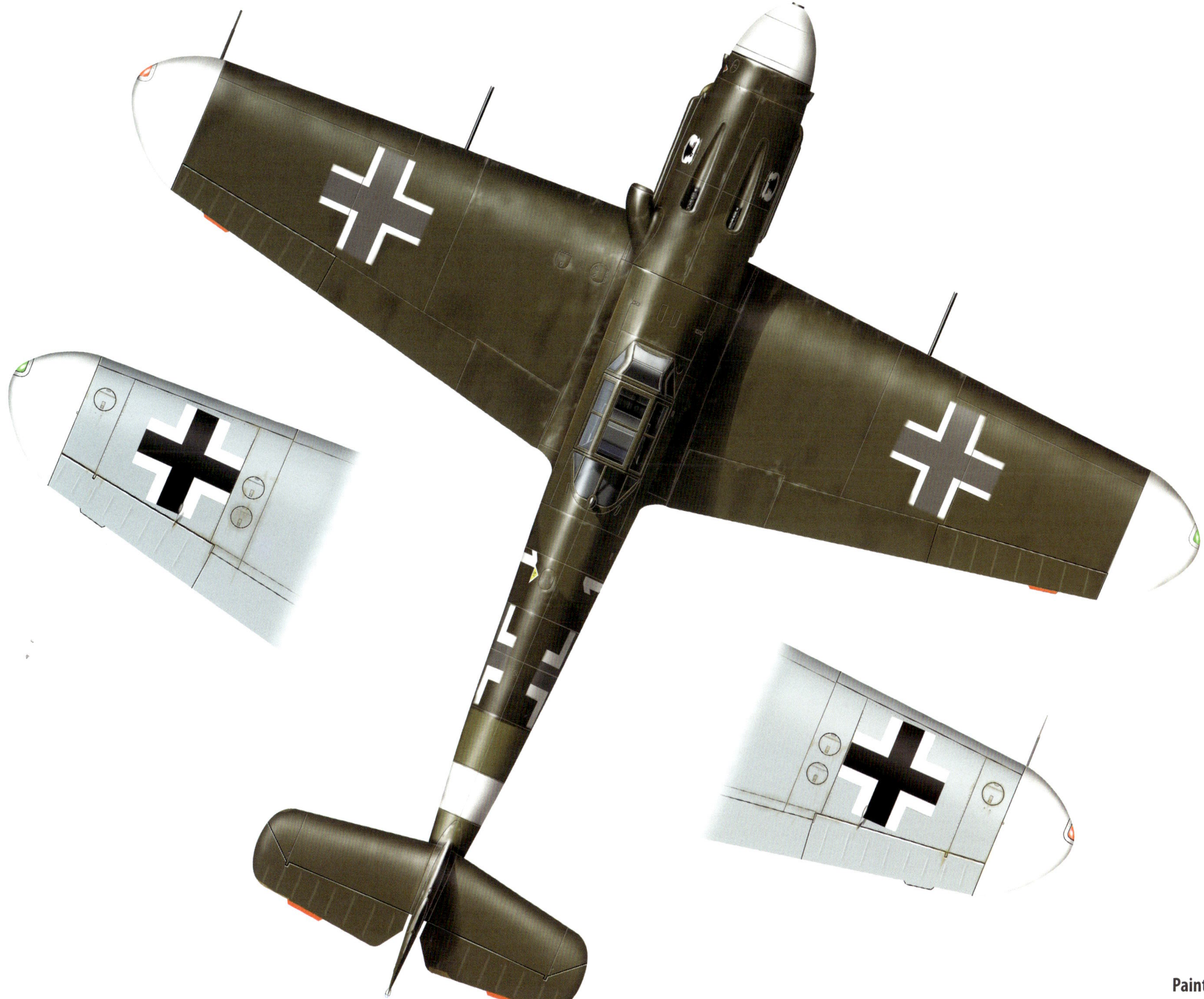

Painted by / Malował:
Arkadiusz Wróbel

Painted by / Malował:
Arkadiusz Wróbel

Messerschmitt Bf 109G-2/Trop "Black 1 + –" of 5./JG 53, Mateur airfield (Tunisia), December 1942.
Messerschmitt Bf 109G-2/Trop „czarne 1 + –" z 5./JG 53, lotnisko Mateur (Tunezja), grudzień 1942 roku.

esserschmitt Bf 109G-2 "Yellow 12" of 3./JG 54, Krasnogvardeisk airfield (northern Russia), January 1943.
Messerschmitt Bf 109G-2 „żółta 12" z 3./JG 54, lotnisko Krasnogwardiejsk (północna Rosja), styczeń 1943 roku.

Painted by / Malował:
Arkadiusz Wróbel

Painted by / Malował:
Arkadiusz Wróbel

Messerschmitt Bf 109G-2/R-6 "Yellow 6 + –" of 6./JG 52, Anapa airfield (Russia), Spring 1943.
Messerschmitt Bf 109G-2/R6 „żółte 6 + –" z 6./JG 52, lotnisko Anapa (Rosja), wiosna 1943 roku.

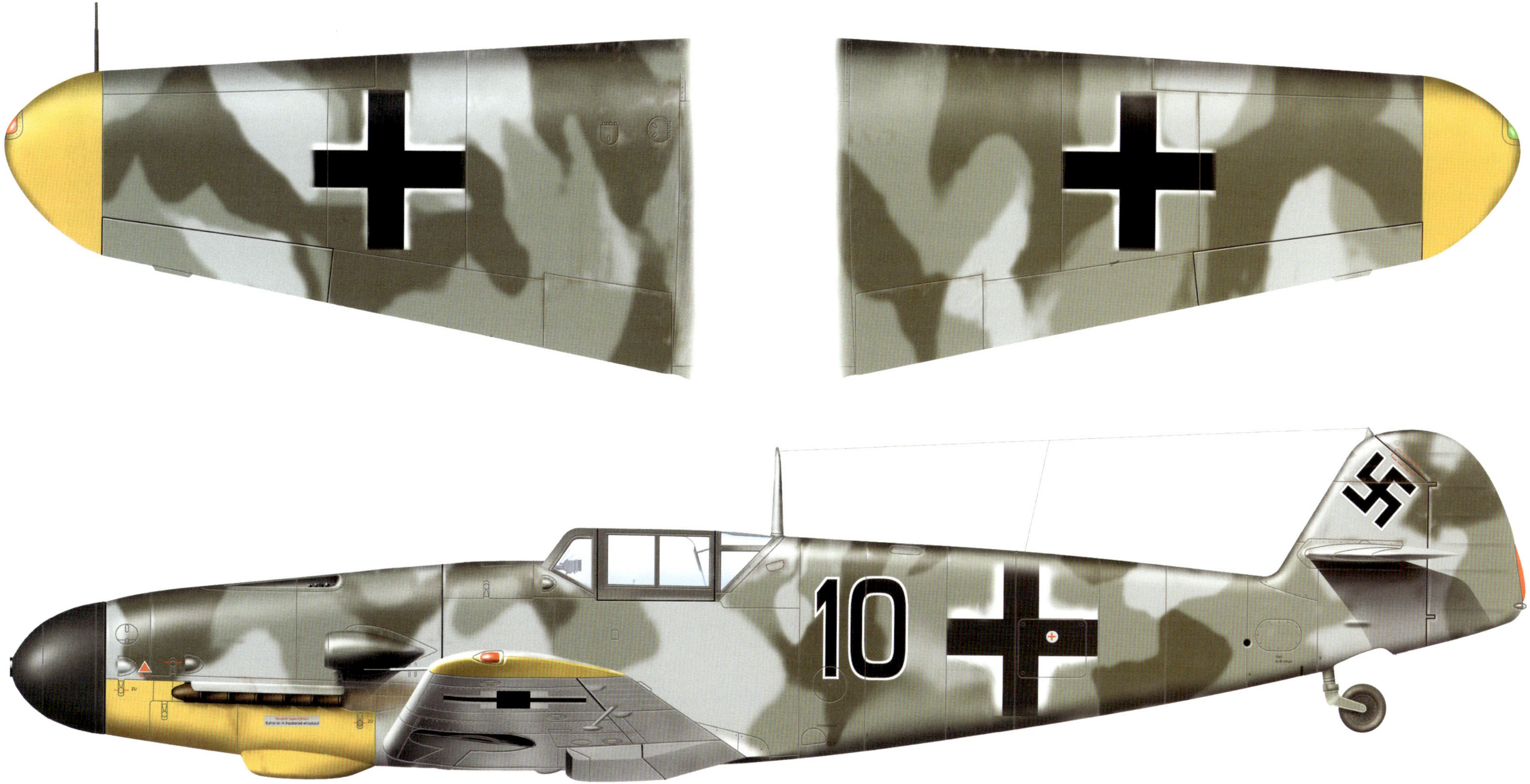

Messerschmitt Bf 109G-2 "Black 10" of 8./JG 5, Petsamo airfield, Summer 1943.
Messerschmitt Bf 109G-2 „czarna 10" z 8./JG 5, lotnisko Petsamo, lato 1943 roku.

Messerschmitt Bf 109G-6 "Yellow 12 + -" of 6./JG 5, Petsamo airfield (Finland), Summer 1943.
Messerschmitt Bf 109G-6 „żółta 12 + -" z 6./JG 5, lotnisko Petsamo (Finlandia), lato 1943 roku.

Painted by / Malował:
Arkadiusz Wróbel

Painted by / Malował:
Arkadiusz Wróbel

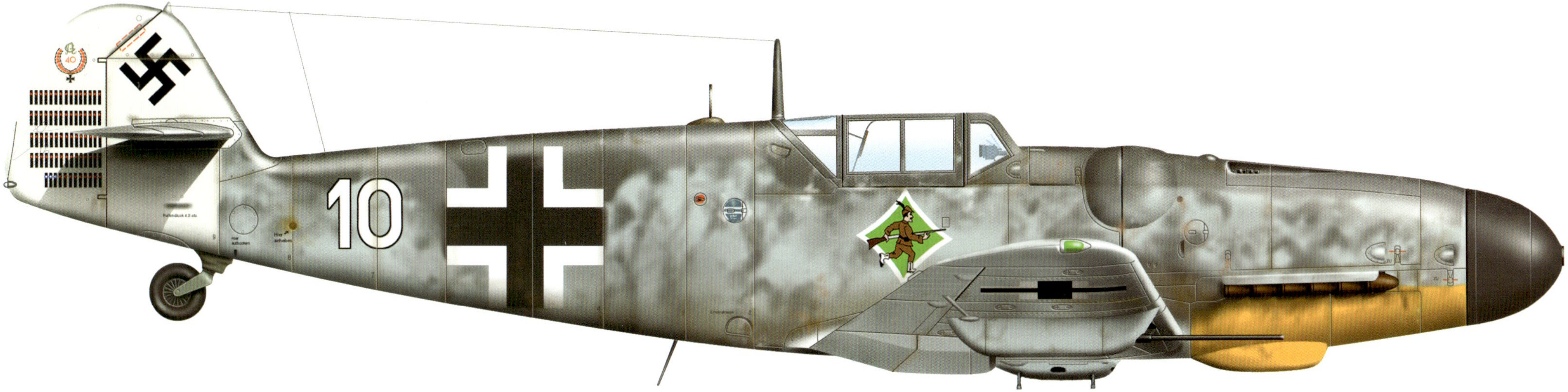

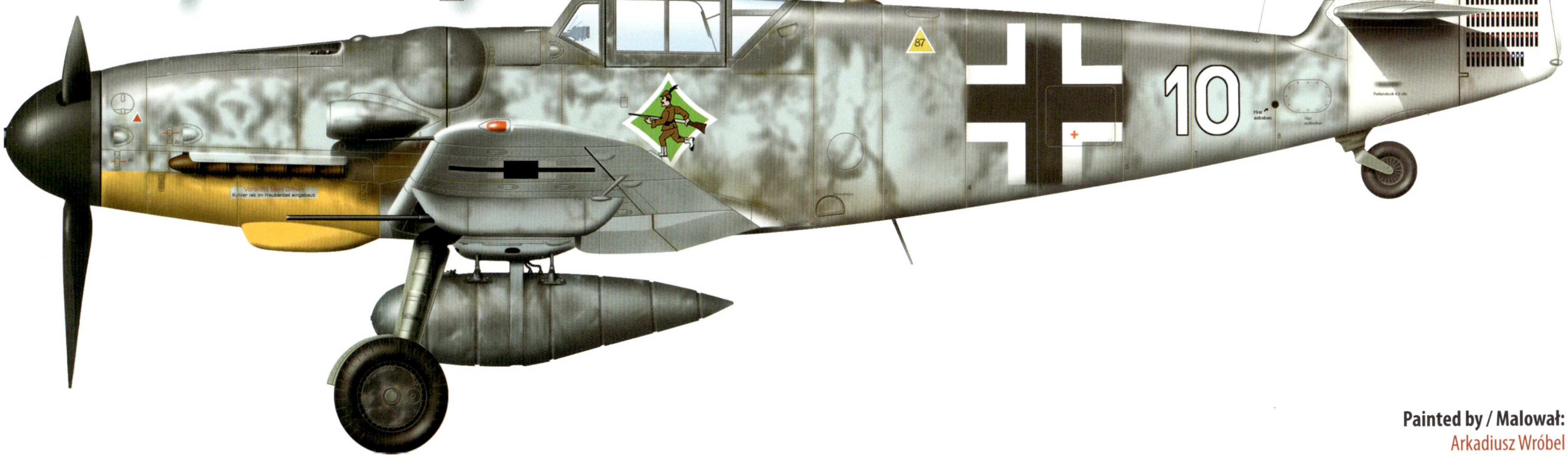

Painted by / Malował: Arkadiusz Wróbel

Messerschmitt Bf 109 G-6/R6 (s/n unknown), coded "White 10", flown by Oblt. Alfred Grislawski, Staffelkapitän 1./JGr. 50; Wiesbaden-Erbenheim, September 1943.

Messerschmitt Bf 109 G-6/R6, W.Nr. ?, „biała 10" z 1./JGr. 50, pilot: Staffelkapitän der 1. Staffel, Oblt. Alfred Grislawski, lotnisko: Wiesbaden-Erbenheim, wrzesień 1943 roku.

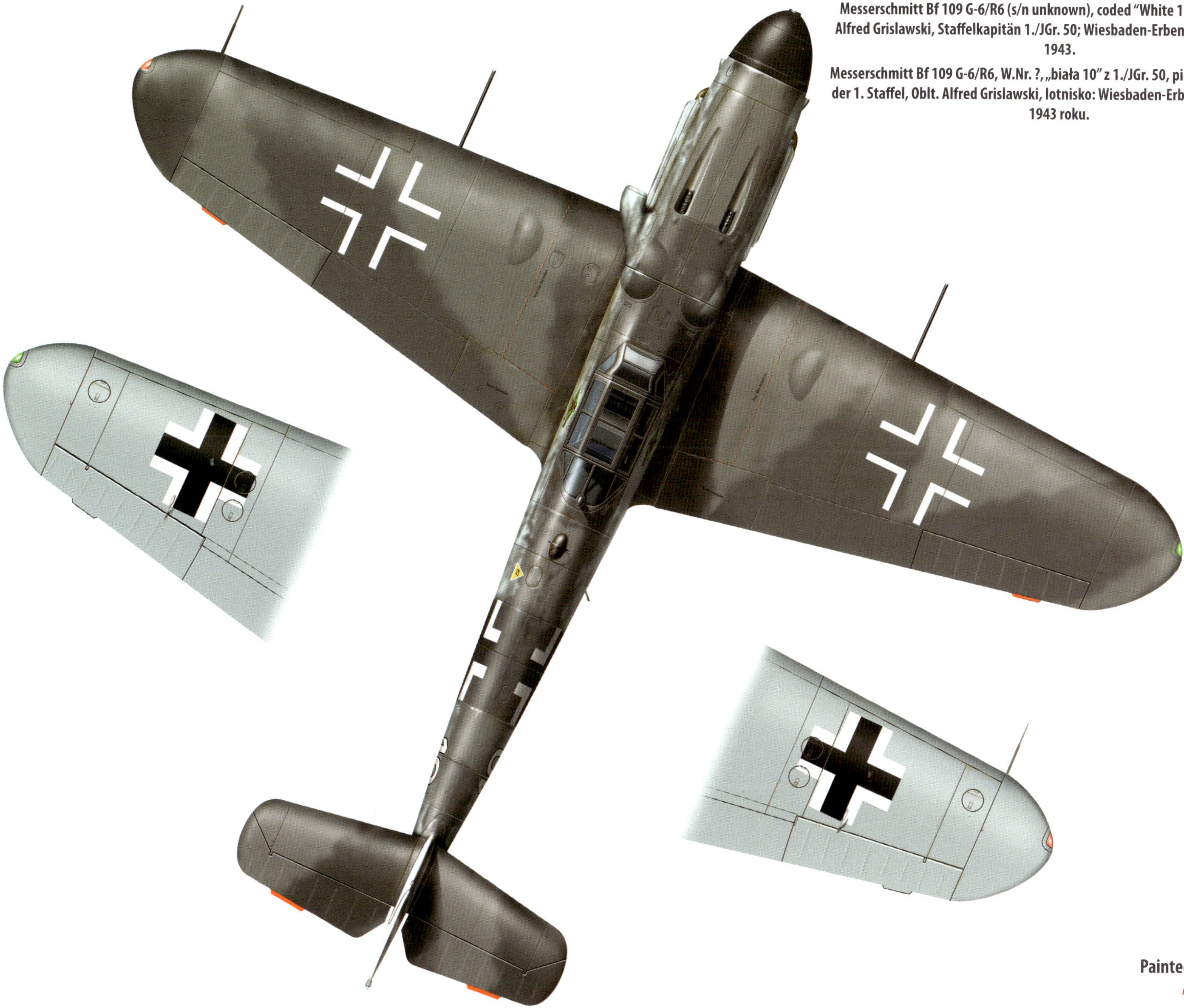

Painted by / Malował:
Arkadiusz Wróbel

Messerschmitt Bf 109 G-6/R6y, W.Nr. 18 807, coded „Yellow 6" of 9./JG 3, flown by Ofw. Alfred Surau; Bad Wörishofen, September 1943.
Messerschmitt Bf 109 G-6/R6y, W.Nr. 18 807, „żółta 6" z 9./JG 3, pilot: Ofw. Alfred Surau, lotnisko: Bad Wörishofen, wrzesień 1943 roku.

Painted by / Malował:
Arkadiusz Wróbel

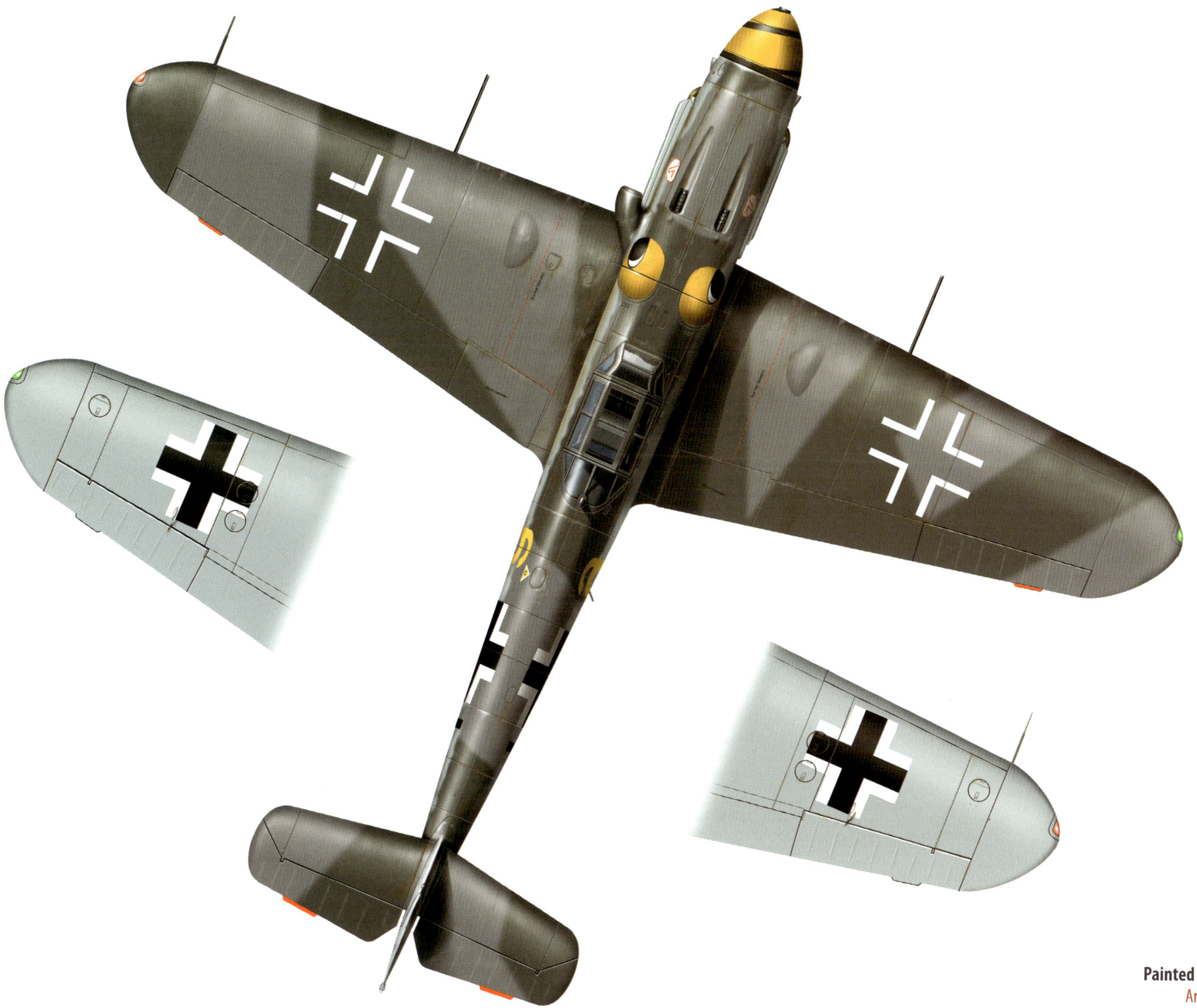

Painted by / Malował:
Arkadiusz Wróbel

Messerschmitt Bf 109 G-6/R6 (s/n unknown), coded with white "<<", flown by Gruppenkommandeur III./JG 1 Hptm. Friedrich Eberle; Leeuwarden, October 1943.
Messerschmitt Bf 109 G-6/R6, W.Nr. ?, „biały <<" ze Stab III./JG 1, pilot: Gruppenkommandeur, Hptm. Friedrich Eberle, lotnisko: Leeuwarden, październik 1943 roku.

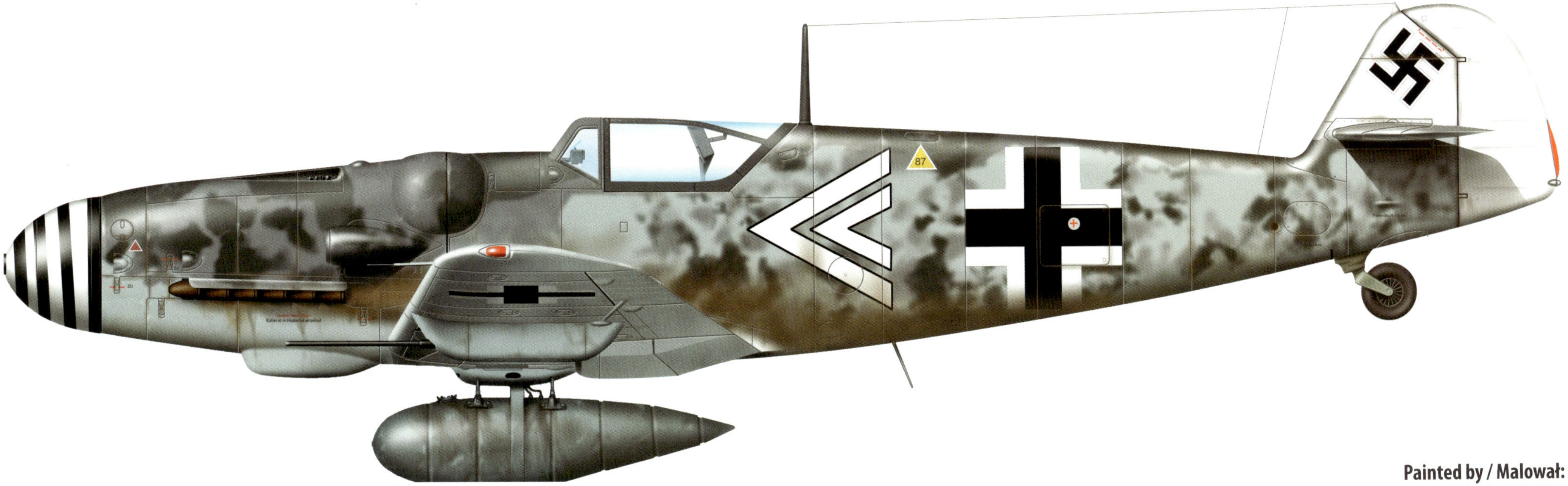

Painted by / Malował:
Arkadiusz Wróbel

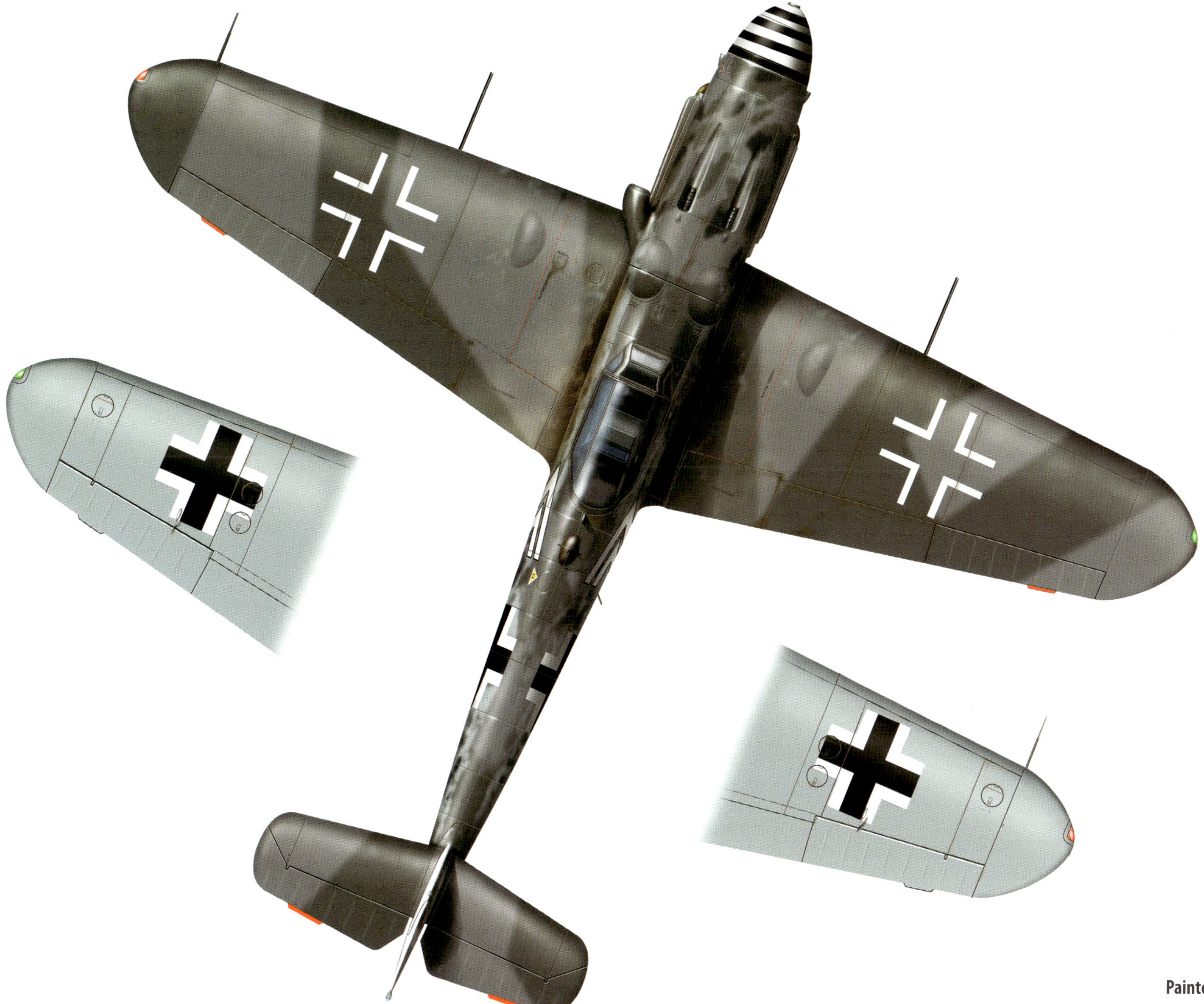

Painted by / Malował:
Arkadiusz Wróbel

Messerschmitt Bf 109 G-6/U4/R6, W.Nr.440190, coded "Yellow 1", flown by Staffelkapitän 6./JG 53 Lt. Alfred Hammer; Wien-Seyring, February 1944.
Messerschmitt Bf 109 G-6/U4/R6, W.Nr.440190, „żółta 1" z 6./JG 53, pilot: Staffelkapitän der 6. Staffel, Lt. Alfred Hammer, lotnisko: Wien-Seyring, luty 1944 roku.

Painted by / Malował:
Arkadiusz Wróbel

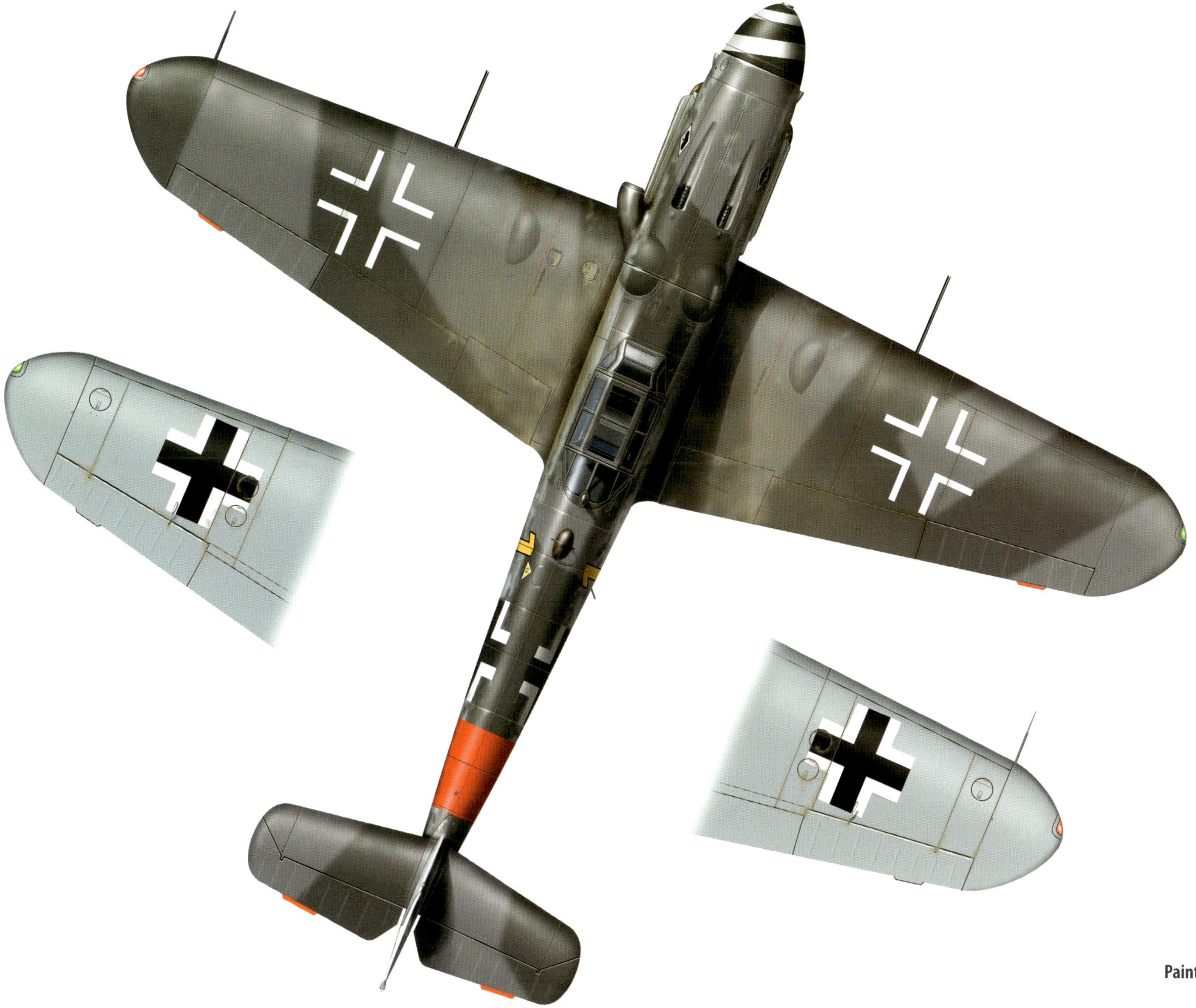

Painted by / Malował:
Arkadiusz Wróbel

Messerschmitt Bf 109 G-6, W.Nr. 140 139, marked with black "<<", flown by Gruppenkommandeur III./JG 27 Maj. Ernst Düllberg; Wiesbaden-Erbenheim, late March 1944.

Messerschmitt Bf 109 G-6, W.Nr. 140 139, „czarny <<" ze Stab III./JG 27, pilot: Gruppenkommandeur der III. Gruppe, Maj. Ernst Düllberg, lotnisko: Wiesbaden-Erbenheim, koniec marca 1944 roku.

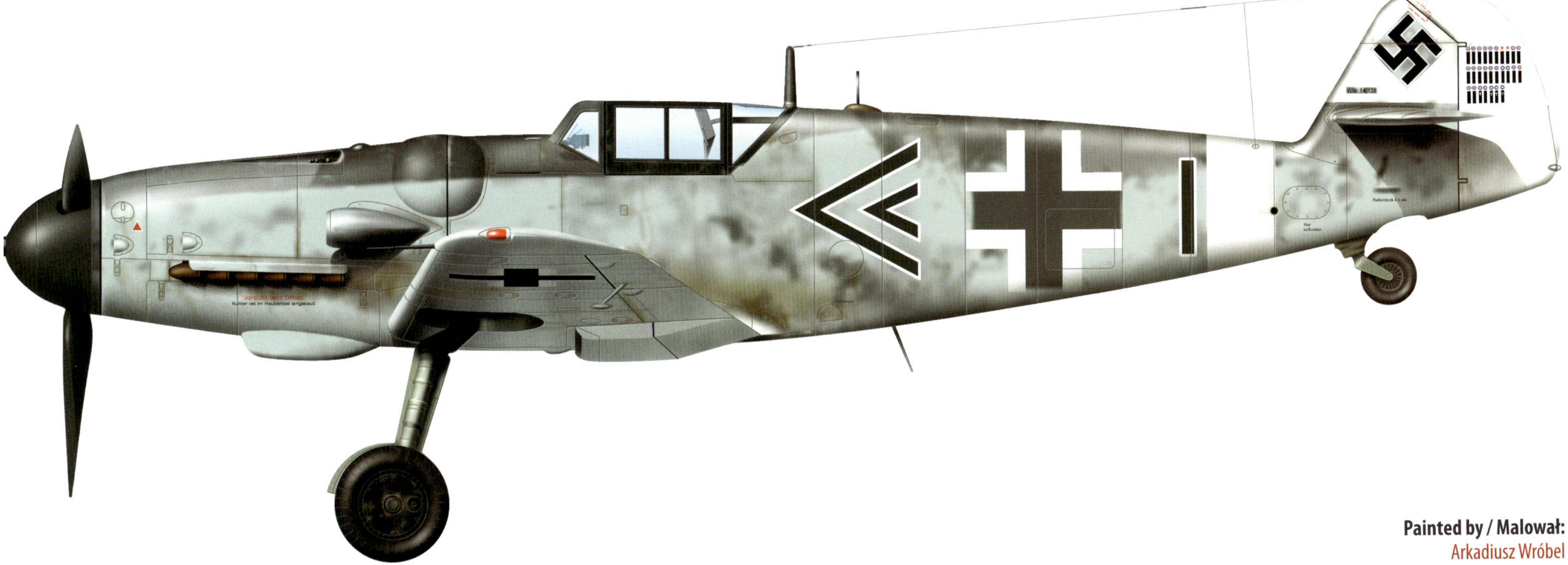

Painted by / Malował:
Arkadiusz Wróbel

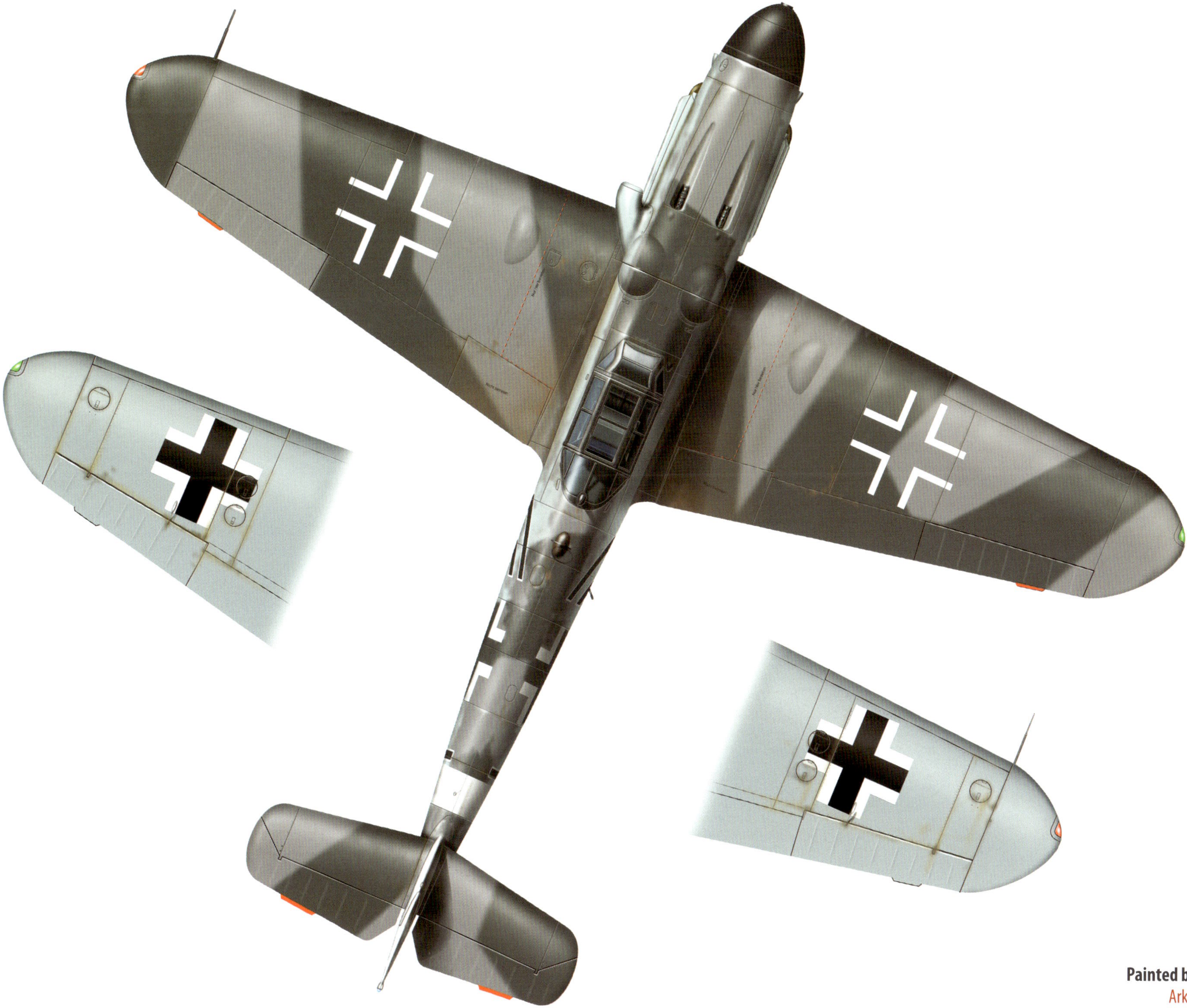

Painted by / Malował:
Arkadiusz Wróbel

Painted by / Malował:
Arkadiusz Wróbel

Messerschmitt Bf 109 G-6/AS, W.Nr. 20 601, coded "Green 13", flown by Geschwaderkommodore JG 1 Obst. Walter Oesau; Lippspringe, May 1944.

Messerschmitt Bf 109 G-6/AS, W.Nr. 20 601, „zielona 13" ze Stab JG 1, pilot: Geschwaderkommodore des JG 1, Obst. Walter Oesau, lotnisko Lippspringe, maj 1944 roku.

Painted by / Malował:
Arkadiusz Wróbel

Painted by / Malował:
Janusz Światłoń

Messerschmitt Bf 109 G-6 (W.Nr. 163803) coded NF+FD, of 2° Gruppo Caccia ANR; Cascina Vaga, June 1944.
Messerschmitt Bf 109 G-6, W.Nr. 163803, NF+FD, 2° Gruppo Caccia ANR; Cascina Vaga, czerwiec 1944 roku.

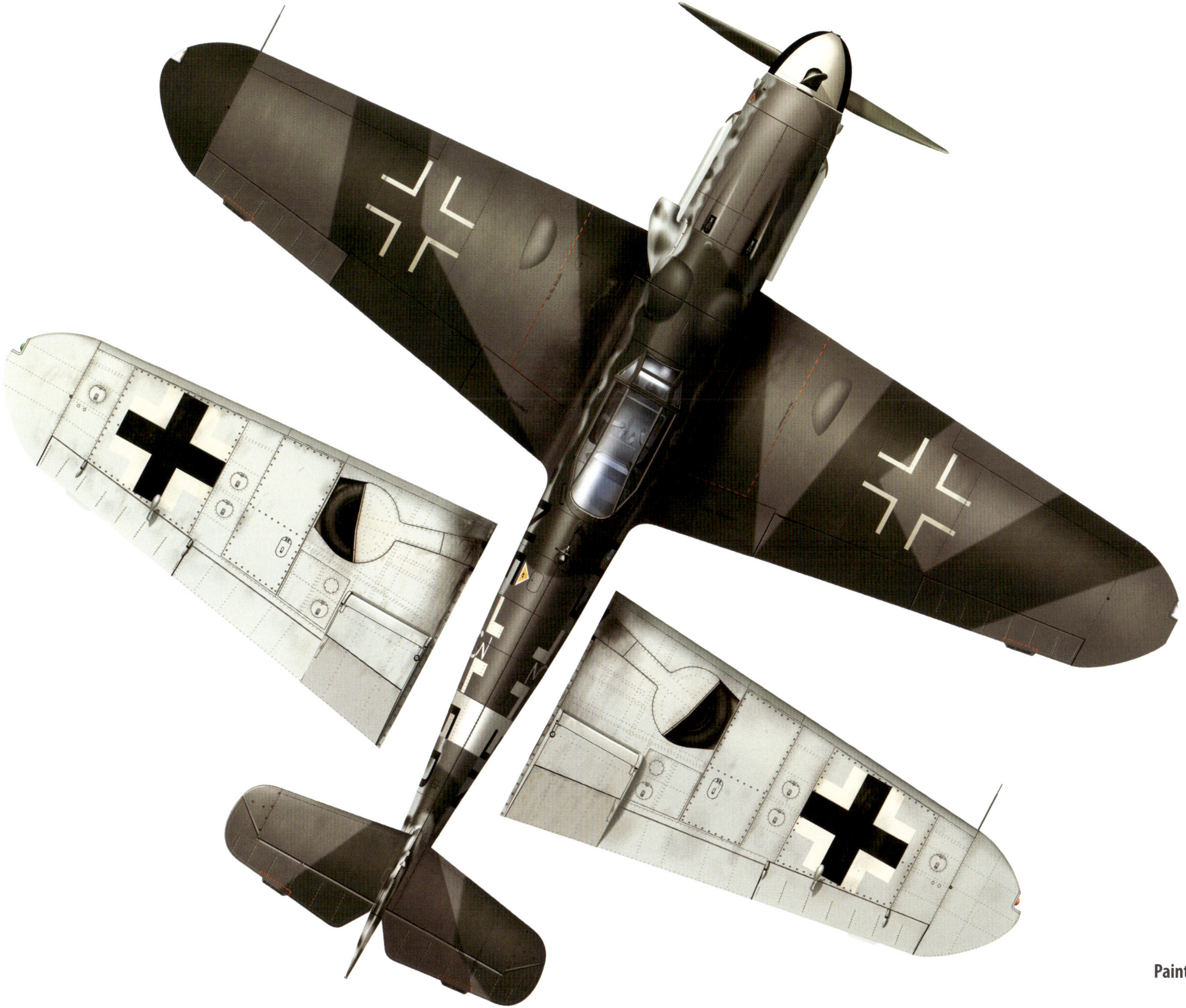

Painted by / Malował:
Janusz Światłoń

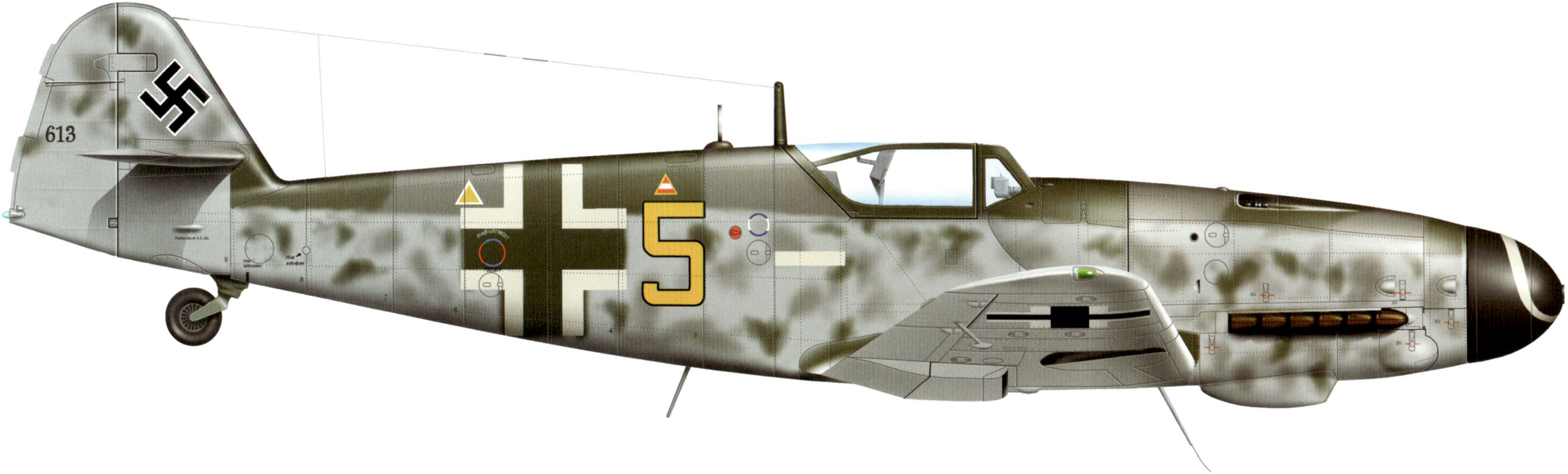

Messerschmitt Bf 109 G-10/U4 (W.Nr. 613 xxx) marked 'Yellow 5' of 6./JG 51, flown by Lt. Hans Mikoleit; Veszprem, Hungary, January 1945.
Messerschmitt Bf 109 G-10/U4, W.Nr. 613 xxx, „żółta 5" z 6./JG 51, pilot: Lt. Hans Mikoleit, lotnisko Vezsprem, styczeń 1945.

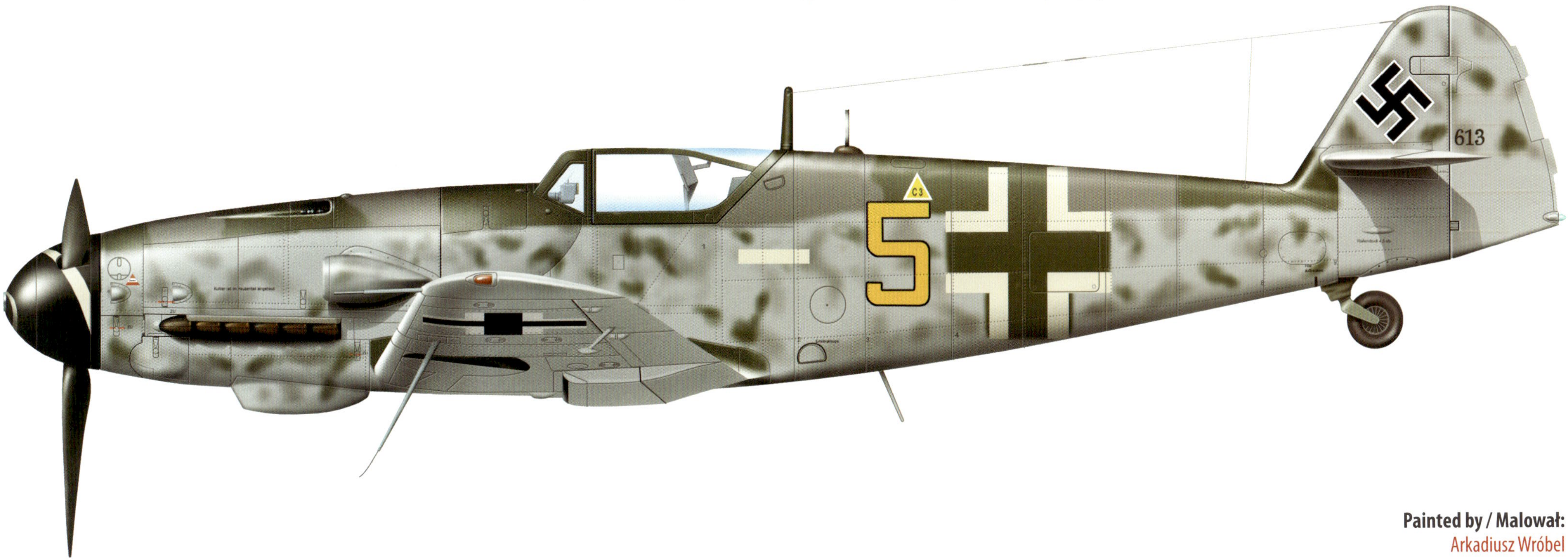

Painted by / Malował:
Arkadiusz Wróbel

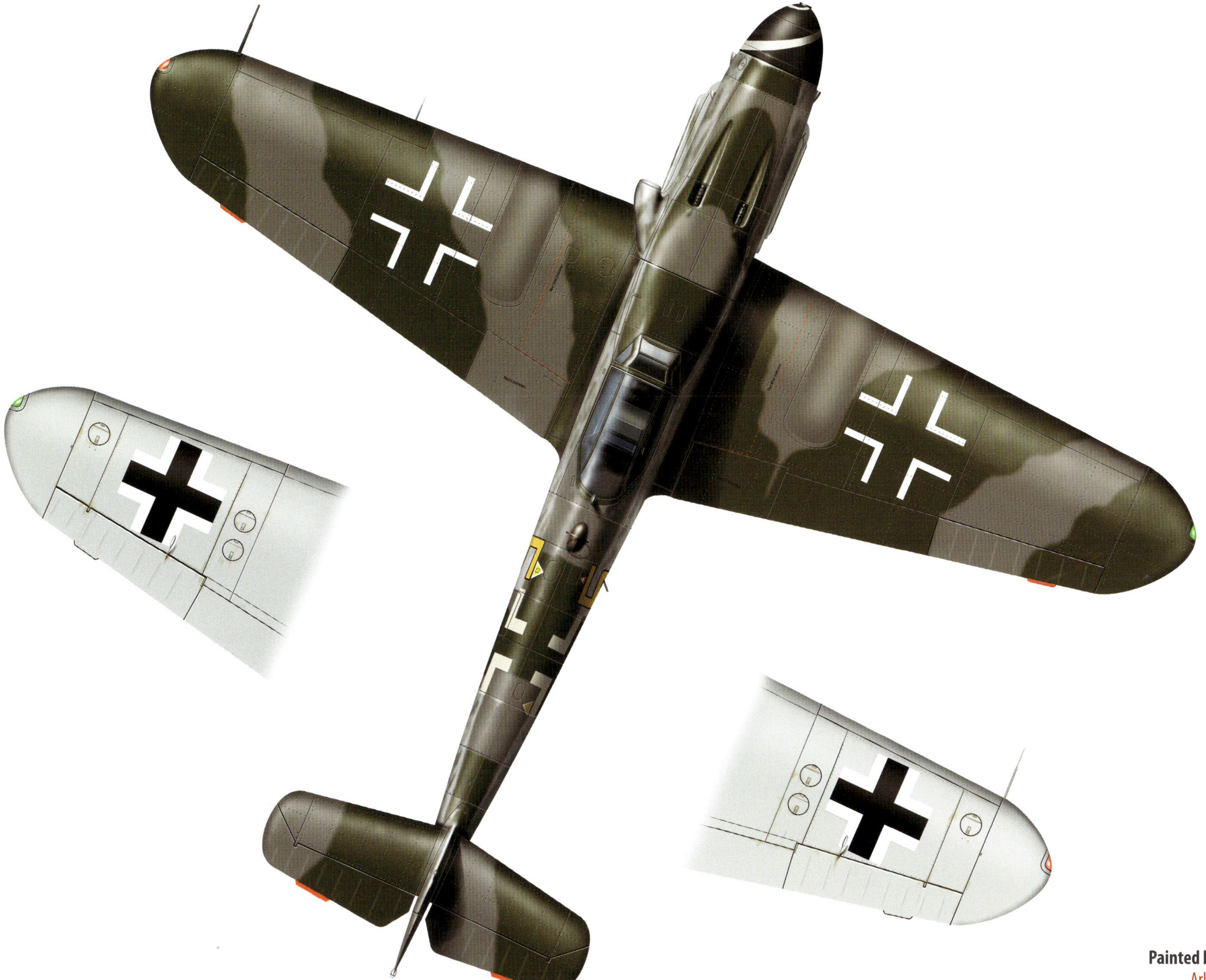

Painted by / Malował:
Arkadiusz Wróbel

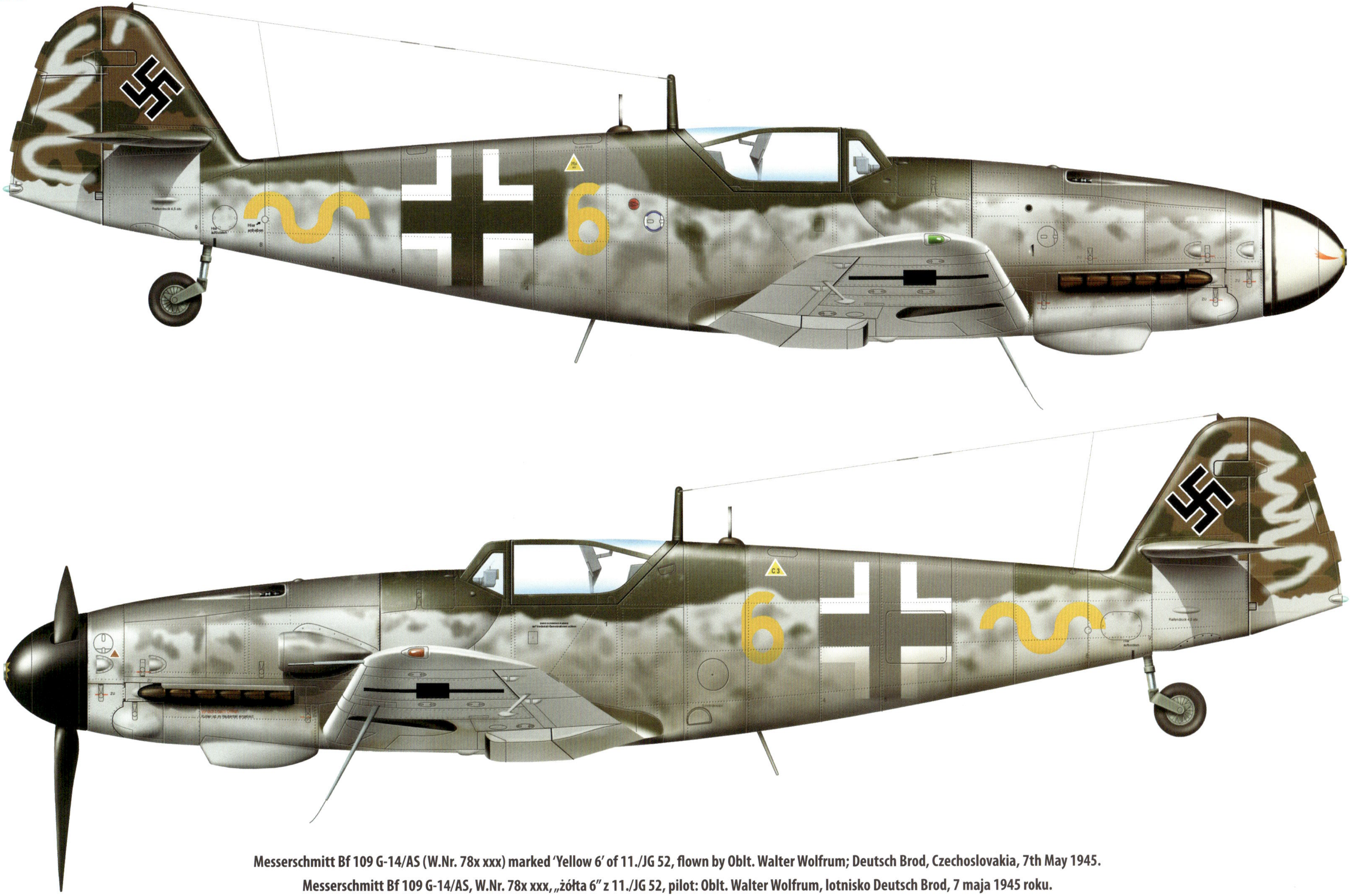

Messerschmitt Bf 109 G-14/AS (W.Nr. 78x xxx) marked 'Yellow 6' of 11./JG 52, flown by Oblt. Walter Wolfrum; Deutsch Brod, Czechoslovakia, 7th May 1945.
Messerschmitt Bf 109 G-14/AS, W.Nr. 78x xxx, „żółta 6" z 11./JG 52, pilot: Oblt. Walter Wolfrum, lotnisko Deutsch Brod, 7 maja 1945 roku.

Painted by / Malował:
Arkadiusz Wróbel

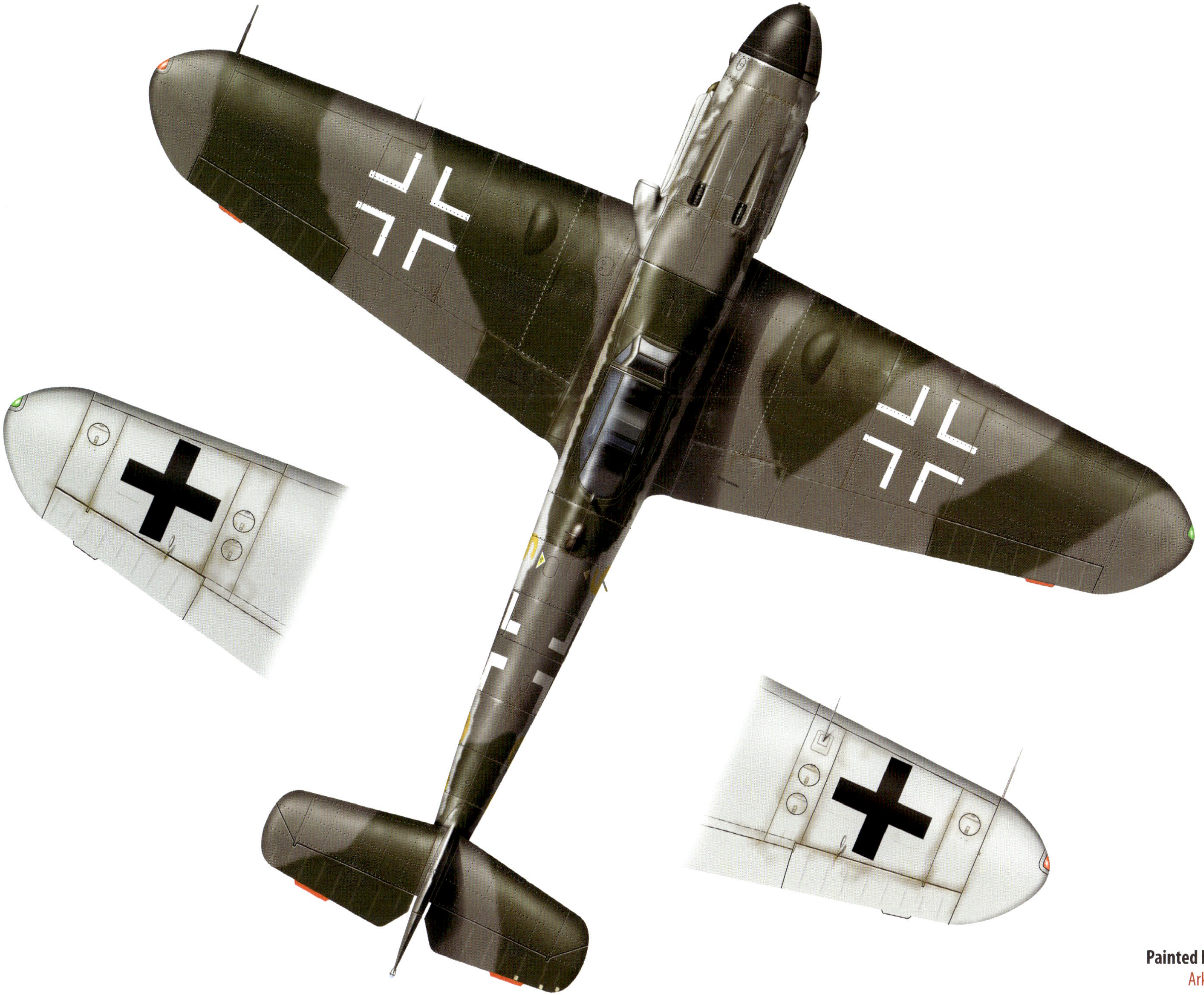

Painted by / Malował:
Arkadiusz Wróbel

Painted by / Malował:
Arkadiusz Wróbel

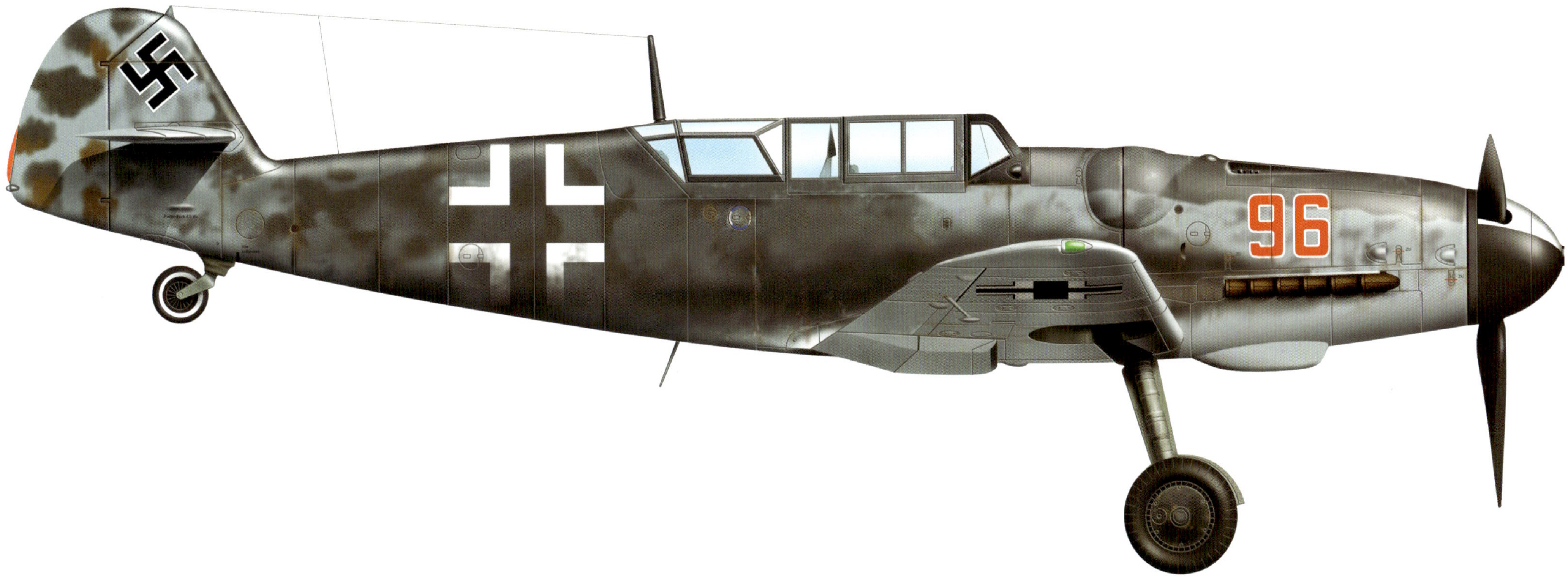

Bf 109 G-12. The aircraft rebuilt from a standard Bf 109 G-6. The aircraft in standard RLM 74/75/76 finish; middle section of the fuselage oversprayed with a paint of darker shade, probably RLM 74. The windshield framing of darker colour, possibly RLM 66. The rudder is spotted with both RLM 81 and 83. The port side camouflage scheme is hypothetical, the port upper wing camouflage pattern is reconstructed using a factory diagram. The colouring of the rudder based on analogy with the rudder from W.Nr 163824, preserved in its original colours.

Bf 109 G-12. Samolot powstał poprzez przebudowę myśliwca Bf 109 G-6. Widoczny typowy kamuflaż w kolorach RLM 74, RLM 75, RLM 76, uzupełniony w środkowej części kadłuba ciemną farbą, prawdopodobnie RLM 74. Rama wiatrochronu ciemniejsza, prawdopodobnie w kolorze RLM 66. Ster kierunku nosi odmienne malowanie, plamki namalowano farbami RLM 81 i RLM 83. Malowanie lewej strony kadłuba domniemane, malowanie górnych powierzchni skrzydeł rekonstruowane na podstawie schematu fabrycznego. Kolorystyka steru kierunku odtworzona na zasadzie analogii z zachowanym w oryginalnych barwach sterem z samolotu W.Nr. 163824.

Painted by / Malował:
Arkadiusz Wróbel

We recommend/Polecamy

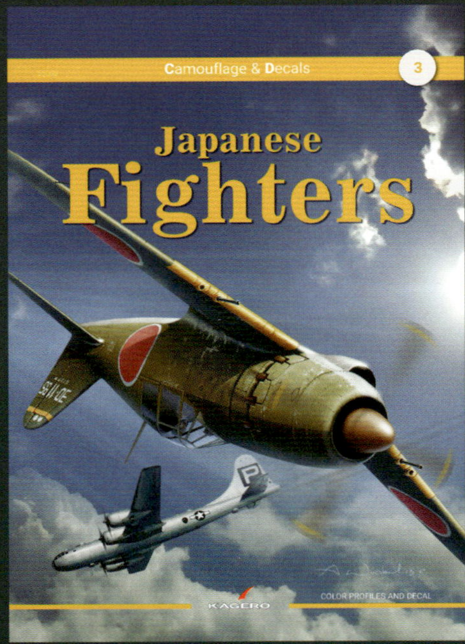

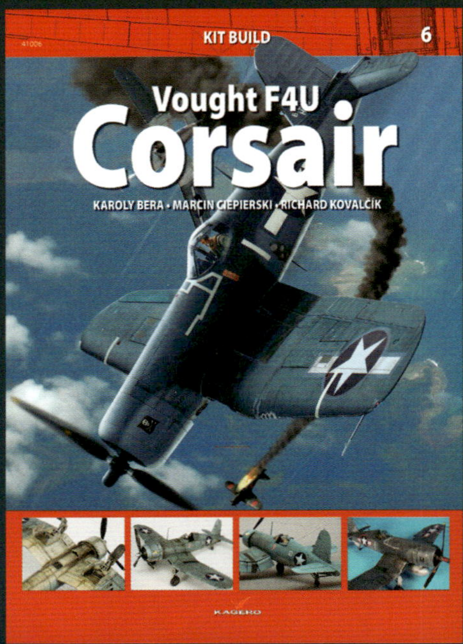

Camouflage & Decals 05 – Messerschmitt Bf 109 F-G

First edition / Wydanie pierwsze • LUBLIN 2021 • ISBN 978-83-66673-39-7

Series editor / Redakcja: **Damian Majsak** • Color profiles / Plansze barwne: Janusz Światłoń, **Arkadiusz Wróbel** • Cover artwork / Ilustracja okładki: **Arkadiusz Wróbel** • Design/Skład: **KAGERO STUDIO**

Distribution / Dystrybucja: Kagero Publishing • www.kagero.pl • e-mail: kagero@kagero.pl, marketing@kagero.pl, shop@kagero.pl

Editorial Office, Marketing / Redakcja, Marketing: Kagero Publishing, ul. Akacjowa 100, os. Borek, Turka, 20-258 Lublin 62, Poland, phone/fax +48 81 501 21 05